Natürliche Struktur der Weltgemeinschaft der Zukunft

Peter Jakubowski

Natürliche Struktur der Weltgemeinschaft der Zukunft

Mit einem Appell an die 'Letzte Generation'

www.naturics.info
www.universalphilosophie.de

Düsseldorf, Februar 2023

© 2023 Peter Jakubowski
Herstellung und Verlag: BoD – Books on
Demand, Norderstedt
ISBN: 9783743190078

Natürliche Struktur der Weltgemeinschaft der Zukunft

1. Neue Definition des Gemeinwohls
2. Ein Appell an die "Letzte Generation"
3. Eine Vision - die Weltgemeinschaft 2070;
   a) Familie ist die Basis!
4. Eine Vision - die Weltgemeinschaft 2070;
   b) Akzeptieren und weiter machen!

Anhang. Unsere Welt als Schaumbad der Energie

Kapitel 1.

Neue Definition des Gemeinwohls

Auf der Website der Bundeszentrale für politische Bildung lesen wir die folgende Beschreibung des Gemeinwohls: "Das, was vielen Menschen zugutekommt, wird „Gemeinwohl" genannt. Die Gesetze des Staates zum Beispiel sollen dem Gemeinwohl dienen und für ein friedliches Miteinander sorgen. Das Gegenteil von Gemeinwohl ist es, sich nach den Wünschen einzelner Menschen oder Gruppen zu richten. Oft wird in Politik und Gesellschaft darüber diskutiert, was eigentlich genau allen Menschen nützt. ... Manchmal kommt es zum Streit zwischen den Interessen einzelner Menschen und den Interessen des Gemeinwohls. Dann entscheiden die Gerichte."

Viele Wissenschaftler machen sich ernste Gedanken, wie wir in der Zukunft das Gemeinwohl nicht nur einer Nation, sondern der gesamten Weltgemeinschaft, besser als bislang sichern können. Der

Moralphilosoph Michael J. Sandel, befürchtet sogar das Ende des Gemeinwohls, wenn die Populisten weltweit auf dem Vormarsch sind. In seinem neusten Buch ("*Vom Ende des Gemeinwohls; Wie die Leistungsgesellschaft unsere Demokratien zerreißt*"; deutsche Ausgabe bei S. Fischer, Oktober 2022), beschreibt er wie und warum wir uns der Tyrannei der Leistung entgegen setzten sollen. Er schlägt auch vor, dass wir zu diesem Zweck auch den Begriff des Gemeinwohls neu überdenken müssen. Dazu müssen wir die für jede Demokratie tödliche Tendenz der extremen Individualisierung unserer Gesellschaft überwinden, indem wir unsere moralischen Bindungen zu anderen Menschen wieder stärken und in den Vordergrund stellen. Um diese Gedanken zu vertiefen, zitiere ich in diesem Kapitel mehrere Fragmente direkt aus Sandels Buch.

Der Inhalt dieses wertvollen Buches, in einem Satz erfasst, klingt so (S. 27):
"Um einen Weg aus der polarisierten Politik unserer Tage finden zu können, brauchen wir eine Abrechnung mit Verdienst und Leistung."

Und der Ansatz einer Lösung des Problems, auch in einem Satz, könnte heißen (S. 28):
"Wir müssen klären, ob die Lösung für unsere zerrissene Politik darin besteht, noch vertrauensvoller nach dem Leistungsprinzip zu leben, oder ob wir nach einem Gemeinwohl jenseits der Auslese und des Wetteiferns Ausschau halten sollten."

Und noch eine etwas breitere Erklärung, worum es dem Autor geht (S. 30):
"Die harte Wirklichkeit ist, das Trump gewählt wurde, weil er die Quelle von Ängsten, Frustrationen und legitimen Klagen angezapft hat, für die die etablierten Parteien keine überzeugenden Antworten hatten. Eine ähnliche Misere setzt den europäischen Demokratien zu. Ehe sie darauf hoffen können, die Unterstützung der Öffentlichkeit zurückzugewinnen, müssen diese Parteien ihre Mission und ihren Zweck überdenken. Dafür sollten sie von den populistischen Protesten lernen, die sie verdrängt haben - nicht durch eine Nachahmung ihrer Fremdenfeindlichkeiten und ihres strikten Nationalismus, sondern dadurch, dass sie die legitimen Klagen ernst

nehmen, mit denen diese hässlichen Gefühle verschränkt sind.

Ein solches Denken sollte mit der Einsicht beginnen, dass diese Klagen nicht allein wirtschaftlicher, sondern auch moralischer und kultureller Natur sind; *es geht hier nicht allein um Löhne und Arbeitsplätze, sondern auch um gesellschaftliche Wertschätzung.*"

Die wichtigsten Stichwörter für die Ursachen dieser Situation, die der Autor als "ein politisches Versagen historischen Ausmaßes" nennt, sind folgende (S. 33): "Im Zentrum dieses Versagens steht der Ansatz, nach dem die etablierten Parteien das Projekt der Globalisierung in den vergangenen vier Jahrzehnten entworfen und ausgeführt haben. *Zwei Aspekte dieses Projekts ließen die Bedingungen entstehen, die den populistischen Protest in Gang halten. Der eine ist die technokratische Art, das Gemeinwohl zu formulieren, der andere ist die meritokratische Art, Gewinner und Verlierer zu definieren.*"

Zum historischen Hintergrund dieses unglücklichen Wandels lesen wir auf Seite 34:

"Dieser Wandel hatte in den 1980ern eingesetzt. Ronald Reagan und Margaret Thatcher waren der Meinung, der Staat sei das Problem, und die Märkte seien die Lösung. Als sie von der politischen Bühne abtraten, waren es die auf sie folgenden Mitte-Links-Politiker - Bill Clinton in den USA, Tony Blair in Großbritannien und Gerhard Schröder in Deutschland -, die den Marktglauben abmilderten, aber auch konsolidierten. Sie glätteten die rauen Kanten der entfesselten Märkte, ließen aber die zentrale Prämisse der Ära Reagan/Thatcher - dass Marktmechanismen das vorrangige Werkzeug zur Verwirklichung des Gemeinwohls sind - unangetastet. Im Einklang mit dieser Überzeugung übernahmen sie eine vom Markt angetriebene Version der Globalisierung und begrüßten die zunehmende Vereinnahmung der Wirtschaft durch den Finanzmarkt-Kapitalismus."

Was nun? Ein erster Vorschlag einer Lösung lautet bei Michael Sandel so (S. 52):

"Um die Demokratie wieder zu stärken, müssen wir einen Weg zu einem moralisch stabileren öffentlichen Diskurs finden - einem, der die zersetzenden Auswirkungen des meritokratischen Wetteiferns auf die sozialen Bindungen, die unser gemeinschaftliches Leben ausmachen, ernst nimmt."

Um diesen Vorschlag etwas breiter zu verstehen, lesen wir auf der Seite 361 seines Buches weiter:
"Wenn Demokratie nicht weiter ist als eine Wirtschaft mit anderen Mitteln, wenn es nur darum geht, unsere Einzelinteressen und Vorlieben aufzuaddieren, dann hängt ihr Schicksal nicht von den moralischen Bindungen ihrer Bürger ab. Eine konsumorientierte Konzeption der Demokratie kann ihre eingeschränkte Aufgabe erfüllen, ob wir nun ein lebendiges Gemeinschaftsleben teilen oder zusammen mit Leuten unseres Schlages privatisierte Enklaven bewohnen.

Falls aber das Gemeinwohl nur zu erreichen ist, wenn wir zusammen mit unseren Mitbürgern über die Zwecke und Ziele nachdenken, die unserer politischen Gemeinschaft würdig sind, dann kann die Demokratie gegenüber dem Charakter des Gemeinschaftslebens nicht gleichgültig sein. *Dazu ist keine vollkommene Gleichheit notwendig. Erforderlich ist allerdings, dass Bürger aus unterschiedlichen Lebensbereichen in gemeinsamen Räumen und an öffentlichen Orten zusammentreffen. Denn so lernen wir zu verhandeln und unsere Differenzen auszuhalten. Und so schaffen wir es, uns um das Gemeinwohl zu kümmern.*"

Einige Seiten früher (S. 356) beschreibt Michael Sandel die Gefahr, die der extreme Individualismus von heute mit sich trägt, noch deutlicher:
"Wenn man sich nur oder vorwiegend am (sozialen) Aufstieg orientiert, trägt das wenig dazu bei, die sozialen Bindungen und die zivilgesellschaftliche Verbundenheit zu pflegen, die eine Demokratie erfordert. Selbst eine Gesellschaft, die erfolgreicher für Aufwärtsmobilität sorgt als unsere, müsste es auch denen, die nicht aufsteigen, ermöglichen, an Ort und Stelle zu gedeihen und sich als Mitglieder eines gemeinschaftlichen Projekts zu fühlen."

Wie es dazu kommen könnte, dass wir das Gemeinwohl scheinbar aufgegeben haben? Dazu erklärt er (auf S. 315):

"Doch die Vorstellung, das von uns eingenommene Geld spiegele den Wert unseres gesellschaftlichen Beitrags, hat sich in den letzten Jahrzehnten tief eingeprägt. Sie findet Widerhall in der gesamten öffentlichen Kultur.

Die meritokratische Auslese hat dazu beigetragen, diese Idee zu verfestigen. Das gilt auch für die neoliberale oder marktorientierte Version der Globalisierung, die seit den 1980ern von den etablierten Mitte-Rechts- und Mitte-Links-Parteien übernommen wurde. Selbst als die Globalisierung für enorme Ungleichheit sorgte, schränkten diese beiden Auffassungen - die meritokratische und die neoliberale - die Gründe ein, sich dem zu widersetzen. Außerdem höhlten sie die Würde der Arbeit aus und befeuerten den Groll gegen Eliten ebenso wie die entsprechende politische Gegenbewegung."

Und weiter (auf S. 325):

"Jede ernsthafte Antwort auf die Frustration der Arbeiterklasse muss die elitäre Herablassung und die examensgläubigen Vorurteile bekämpfen, die in der kulturellen Öffentlichkeit herangereift sind. Außerdem muss sie die Würde der Arbeit in den Mittelpunkt der politischen Agenda stellen. ... *die Art, in der eine Gesellschaft Arbeit würdigt und belohnt, ist entscheidend dafür, wie sie das Gemeinwohl definiert.*"

Er beschreibt aber auch einen möglichen Weg heraus aus dieser miserablen Situation (auf S. 330):
"Denn der umfassende Ärger im Land ist zumindest teilweise eine Krise der Anerkennung. Und unseren Beitrag zum Gemeinwohl für den wir Anerkennung bekommen, erbringen wir in unserer Rolle als Produzenten und nicht als Verbraucher.
...
Das lässt sich nicht allein mit wirtschaftlichen Aktivitäten erreichen. Wichtiger ist es, mit unseren Mitbürgern darüber zu verhandeln, wie eine gute und gerechte Gesellschaft zu erlangen ist - eine, die bürgerliche Tugenden kultiviert und alle befähigt,

zusammen über lohnende Ziele unserer politischen Gemeinschaft nachzudenken."

Und weiter (auf S. 332):
"*Die zivilgesellschaftliche Konzeption des Gemeinwohls erfordert also eine bestimmte Art der Politik, eine, die Gelegenheiten zur öffentlichen Diskussion bereitstellt.* Doch sie schlägt auch eine bestimmte Art des Nachdenkens über Arbeit vor. Aus Sicht der zivilgesellschaftlichen Vorstellung ist unsere wichtigste Rolle in der Wirtschaft nicht die des Verbrauchers, sondern die des Produzenten. Denn als solcher entwickeln und praktizieren wir unsere Fähigkeiten; wir stellen Waren und Dienstleistungen zur Verfügung, mit denen wir die Bedürfnisse unserer Mitbürger erfüllen, und bekommen dafür soziale Anerkennung. Der wahre Wert unseres Beitrags lässt sich nicht nach dem Lohn bemessen, den wir erhalten, denn Löhne sind ... von Zufälligkeiten des Angebots und der Nachfrage abhängig. Der Wert unseres Beitrags hängt vielmehr von der moralischen und zivilgesellschaftlichen Bedeutung der Ziele ab, denen unsere Bemühungen dienen. Dazu gehört ein unabhängiges moralisches

Urteil, das der Arbeitsmarkt, wie effizient er auch sei, nicht liefern kann."

Um seine Gedanken zu stärken zitiert Sandel sogar aus einem Hirtenbrief der amerikanischen Nationalkonferenz der katholischen Bischöfe (S.334):
"Alle Menschen 'haben eine Verpflichtung, aktive und produktive Teilnehmer des gesellschaftlichen Lebens zu sein', und der Staat habe 'die Pflicht, die wirtschaftlichen und sozialen Einrichtungen so zu organisieren, dass die Menschen in einer Weise zur Gesellschaft beitragen können, die ihre Freiheit und Würde der Arbeit respektiert.' "

Zum Schluss noch die entscheidende Frage (S. 338):

"Nun lautet die Frage, wie ein alternatives politisches Projekt aussehen könnte."

Der letzte Kapitel des Buches von Sandel hat Untertitel "Arbeit anerkennen". Ich zitiere hier noch die letzten Sätze dieses Kapitels, weil sie für unsere weitere Diskussion um die notwendige Erneuerung unserer Demokratie sehr wichtig sind (S. 352-353):

"Die Debatte darüber, wer in der heutigen Wirtschaft ein Macher und wer ein Nehmer ist, läuft letztlich auf eine Auseinandersetzung über Beitragsgerechtigkeit hinaus - auf die Frage, welche wirtschaftlichen Rollen gewürdigt und anerkannt werden sollen. Eine gründliche Erörterung dieser Frage erfordert eine öffentliche Diskussion darüber, was als wertvoller Beitrag zum Gemeinwohl gelten soll. ... Ich will aber vor allem darauf hinaus, dass die Würde der Arbeit nur erneuert werden kann, wenn wir über die moralischen Fragen debattieren, die unserer Wirtschaftsordnung zugrunde liegen - Fragen, die von der technokratischen Politik der letzten Jahrzehnte verdeckt worden sind.

Eine dieser Fragen bezieht sich darauf, welche Arten von Arbeit der Anerkennung und Wertschätzung würdig sind. Eine andere betrifft das, was wir einander als Bürger schulden. Diese Fragen hängen zusammen. *Denn wir können nicht festlegen, was als wertvoller Beitrag zählt, ohne gemeinsam über die Ziele und Zwecke unseres Gemeinschaftslebens nachzudenken. Und über gemeinsame Ziele und*

Zwecke können wir nicht ohne ein Zusammengehörigkeitsgefühl nachdenken, das Gefühl, einander als Mitglieder einer Gemeinschaft verpflichtet zu sein. Nur soweit wir von anderen abhängen und unsere Abhängigkeit anerkennen, haben wir wirklich einen Grund, ihren Beitrag zu unserem kollektiven Wohlbefinden zu schätzen. Dazu ist ein hinreichend starkes Gemeinschaftsgefühl erforderlich, damit die Bürger sagen und glauben können, dass 'wir alle im selben Boot sitzen' - nicht als rituelle Beschwörungsformel in Krisenzeiten, sondern als nachvollziehbare Abbildung unseres Alltags.

In den vergangenen vier Jahrzehnten haben die marktgetriebene Globalisierung und die meritokratische Vorstellung vom Erfolg diese moralischen Bindungen aufgelöst. Globale Lieferketten, Kapitalflüsse und die kosmopolitischen Identitäten, die sie begünstigen, haben dafür gesorgt, dass wir weniger abhängig von unseren Mitbürgern sind, weniger dankbar für die Arbeit, die sie vollbringen, und weniger offen für die Forderungen der Solidarität. Die meritokratische Auslese hat uns gelehrt, dass unser Erfolg auf unserer eigenen Leistung beruht, und damit unser Gefühl der Verpflichtung zersetzt. Inzwischen befinden wir uns inmitten des grimmigen Wirbelsturms, den diese Auflösung hervorgebracht hat. Um die Würde der Arbeit wiederherzustellen, müssen wir die sozialen Bindungen reparieren, die das Zeitalter der Leistungsgesellschaft zerstört hat."

Wie Sie sicherlich bemerkt haben, habe ich mehrere Gedanken aus dem Sandels Buch mit kursiver Schrift betont. Stellen wir sie nochmals zusammen vor, damit sie uns beim Weiterlesen meines Buches besser in Erinnerung bleiben können.

"Zwei Aspekte dieses Projekts ließen die Bedingungen entstehen, die den populistischen Protest in Gang halten. Der eine ist die technokratische Art, das Gemeinwohl zu formulieren, der andere ist die meritokratische Art, Gewinner und Verlierer zu definieren."

"Um die Demokratie wieder zu stärken, müssen wir einen Weg zu einem moralisch stabileren öffentlichen Diskurs finden - einem, der die zersetzenden

Auswirkungen des meritokratischen Wetteiferns auf die sozialen Bindungen, die unser gemeinschaftliches Leben ausmachen, ernst nimmt."

"Dazu ist keine vollkommene Gleichheit notwendig. Erforderlich ist allerdings, dass Bürger aus unterschiedlichen Lebensbereichen in gemeinsamen Räumen und an öffentlichen Orten zusammentreffen. Denn so lernen wir zu verhandeln und unsere Differenzen auszuhalten. Und so schaffen wir es, uns um das Gemeinwohl zu kümmern."

"... es geht hier nicht allein um Löhne und Arbeitsplätze, sondern auch um gesellschaftliche Wertschätzung."

"... die Art, in der eine Gesellschaft Arbeit würdigt und belohnt, ist entscheidend dafür, wie sie das Gemeinwohl definiert."

"Die zivilgesellschaftliche Konzeption des Gemeinwohls erfordert also eine bestimmte Art der Politik, eine, die Gelegenheiten zur öffentlichen Diskussion bereitstellt."

"Denn wir können nicht festlegen, was als wertvoller Beitrag zählt, ohne gemeinsam über die Ziele und Zwecke unseres Gemeinschaftslebens nachzudenken. Und über gemeinsame Ziele und Zwecke können wir nicht ohne ein Zusammengehörigkeitsgefühl nachdenken, das Gefühl, einander als Mitglieder einer Gemeinschaft verpflichtet zu sein."

Genau um dieses verlorengegangene Gefühl der Zusammengehörigkeit geht es auch mir in den weiteren Kapiteln dieses Buches. Dazu gehört natürlich auch eine Politik, die Voraussetzungen für eine öffentliche Diskussion bereitstellen muss. Vor allem aber eine Politik, die es auch ermöglicht, dass Bürger aus unterschiedlichen Lebensgemeinschaften, Familien, Großfamilien, Gemeinden und allen noch größeren Bezirken, in gemeinsamen aber immer gut überschaubaren Gruppen, an öffentlichen Orten zusammentreffen, um sich um das Gemeinwohl zu kümmern. Dazu müssen wir ganz von vorne anfangen. Wir müssen neue Behausungen für solche zusammengehörigen Gruppen von Menschen einrichten. Dazu brauchen wir neue urbane

Infrastruktur und neue sozialen Einrichtungen für alle gemeinschaftlichen Gruppen von Menschen.

Wie das praktisch zu realisieren wäre, dazu entfalte ich in den Kapiteln 3 und 4 meine Vision unserer Weltgemeinschaft in der nahen Zukunft (von einigen wenigen Jahrzehnten). Vorher aber, im Kapitel 2, wende ich mich mit einem Appell direkt an unsere Jugend. Ohne ihre Mitwirkung können wir überhaupt nicht auf eine friedliche Zukunft als eine Weltgemeinschaft hoffen.

Kapitel 2.

Ein Appell an die "Letzte Generation"

Liebe Aktivisten und Aktivistinnen der "Letzten Generation" und aller anderen Bewegungen zur "Rettung" des Klimas und der Umwelt!

Im Prinzip ist es lobenswert, was ihr da tut; dass Ihr den älteren Menschen die Dringlichkeit der Suche nach einer nachhaltigen Lösung unserer jetzigen Probleme der Welt vor Augen führt. Aber seien wir ehrlich zueinander. In Wirklichkeit seid Ihr (noch) gar keine Generation, weder die letzte, noch die nächste. Solange Ihr keine eigenen Familien gegründet habt, seid Ihr die Mitglieder der Generation Eurer Eltern. Wenn Ihr die Gründung eigener Familien jetzt und in der nahen Zukunft ablehnt, macht Ihr die Generation Eurer Eltern zu der letzten Generation; mindestens entlang des Stammbaumastes Eurer eigenen Familie. Es ist kein Verbrechen, aber es ist ein Versagen. Um eine eigene Generation bilden zu können, müsstet Ihr aufhören

Euch irgendwo ankleben oder eingraben. Ihr müsstet tief einatmen, sich in Euren Reihen gegenseitig anschauen und gefühlsvoll wahr nehmen. Es gibt von Euch schon so viele, dass die meisten von Euch in dieser Menge für sich einen Lebenspartner, eine Lebenspartnerin finden könnten. Mit ihm (oder ihr) müsstet Ihr eine Familie gründen, ein, zwei oder auch drei eigene Kinder planen, und diesen Kindern ein glückliches familiäres Leben vorleben bereit zu sein. Erst dann werdet Ihr zu einer zukünftigen Generation unserer Weltgemeinschaft heranwachsen. Es geht auch hier, wie so oft im würdevollen Zusammenleben, um das Motto: zuerst geben, dann nehmen.

Nichtsdestotrotz, Eure Angst um die Zukunft ist nicht unbegründet. Deswegen, parallel zu Euren persönlichen Plänen, seid Ihr weiterhin aufgerufen aktiv zu bleiben. Aber sinnvoll, und dabei noch mehr unerbittlich. Ihr solltet Euch vielleicht viel effektiver an den Bänken der Bundestagsabgeordneten kleben, damit diese schneller (weil im Stehen) arbeiten müssten, die notwendigen Gesetzte verabschieden, die Euch Eure persönlichen Pläne realisieren zu können ermöglichen werden. Ihr braucht entsprechende, von der Gesellschaft (und nicht von den Immobilien-Haien) zur Verfügung gestellten Behausungen, Kitas, Schulen, Arbeitsstellen, Geschäfte, Arztpraxen und verschiedene Möglichkeiten zur Pflege des gesellschaftlichen Zusammenseins.

Wie konkret das Gemeinwohl neu definiert (und realisiert) sein soll (oder sogar muss), haben wir hier oben, im ersten Kapitel, mit den Worten von Michael Sandel angedeutet. Jetzt geht es um unsere Befreiung von der "Tyrannei der Leistung". Und von der Tyrannei der Unbildung (oder Falschbildung). Als Unbildung bezeichne ich eine nur scheinbar wünschenswerte Ausbildung von uns allen in der traditionellen, illusorischen Vision der Welt, in der wir leben. Einer Vision, die uns in ständiger Angst von irgendwelchen "Naturkatastrophen" fesseln und zu fleißig konsumierenden Individualisten degradieren soll. Artensterben, Klimakrise, Energiekrise, Trinkwasserkrise, Hungersnot, sind allesamt reale Phänomene heutiger Welt. Aber ihre von der traditionellen Wissenschaft gelieferten Interpretationen, samt derer angeblichen Ursachen, sind meistens total falsch. Egal ob dahinter eine Absicht steckt, oder nicht, wir müssen von der Politik verlangen, dass diese "Unbildung" nicht mehr an unsere Jugend vermittelt wird.

> Beispiel 1: Zu dem wirklich beobachteten massiven Artensterben
>
> (*Auszug aus meinem Buch "Universale Philosophie des Lebens"; S. 486; den Link zu meiner Website findest Du auf der Titelseite.*)
>
> Die größte Gefahr für den Erfolg der Evolution selbst sind die Zeiten des Massenaussterbens, welche in bestimmten Intervallen gegen die Evolution wirken. Die Wissenschaft kennt heute mehrere Perioden des Aussterbens der Organismen. Unsere Kosmische Hierarchie unterstützt sogar die These, dass das Ende jeder ihrer Perioden der Stufen ab 3 aufwärts, immer mit einer entsprechend starken Umwälzung der Lebensbedingungen auf der Erde herging. So ein Übergang war immer mit den Einschlägen der entsprechend

(der Stufe der zu Ende gehenden Periode) großen kosmischen Objekte eingeführt. Diese haben entsprechend intensive Erdbeben, Vulkanausbrüche, Erdrutsche, Tsunamis, Waldbrände und lange anhaltende Verdunkelung der Atmosphäre ausgelöst. Am Ende standen immer entsprechend intensive, langfristige klimatische Änderungen, so dass die entsprechenden Abspaltungen neuer Gruppen der Organismen erzwungen waren; nachdem die Vorherigen Gruppen im großen Maße, oder sogar gänzlich, von der Erdoberfläche verschwunden waren.

(*Und aus der S. 538*)
Erinnern wir uns, dass die Aussterbewelle vor 65 Millionen Jahren, in einem der vorherigen Sprünge der Stufe 7 der Kosmischen Hierarchie, nicht nur die Ära der Dinosaurier, sondern auch das Leben von etwa 70% aller damals lebenden Gruppen der Organismen beendet hat. Vor 259 Millionen Jahren, im letzten Sprung der Stufe 8, hat eine noch stärkere Aussterbewelle fast das gesamte Leben auf der Erde zum Stillstand gebracht. Kann es noch

schlimmer kommen? Ja, es kann, und es wird. Es ist keine Schwarzmalerei. Es ist eine wissenschaftliche Aussage. Diese „Sechste Aussterbewelle", von der die Rede ist, ist wirklich real. Aber wir stehen immer noch relativ an ihrem Anfang. Es geht diesmal um die Aussterbewelle der Stufe 9, woran uns das untere Diagramm nochmals erinnert. In einer Aussterbewelle dieser Intensität sterben nicht nur alle lebendigen Organismen, sondern wahrscheinlich auch Planeten, und sogar Sterne aus.

Deswegen, im Gegensatz zu der Klimahysterie, diesmal liegt auch die traditionelle Wissenschaft mit ihrer Warnung richtig. Es kommt eine Situation auf uns zu, die für die Menschheit einmalig ist. Und sie ist endgültig.

Was sollen wir also tun? In Panik geraten, und nichts tun? Auf keinen Fall. Vor allem, müssen wir Ruhe bewahren und uns gut informieren.

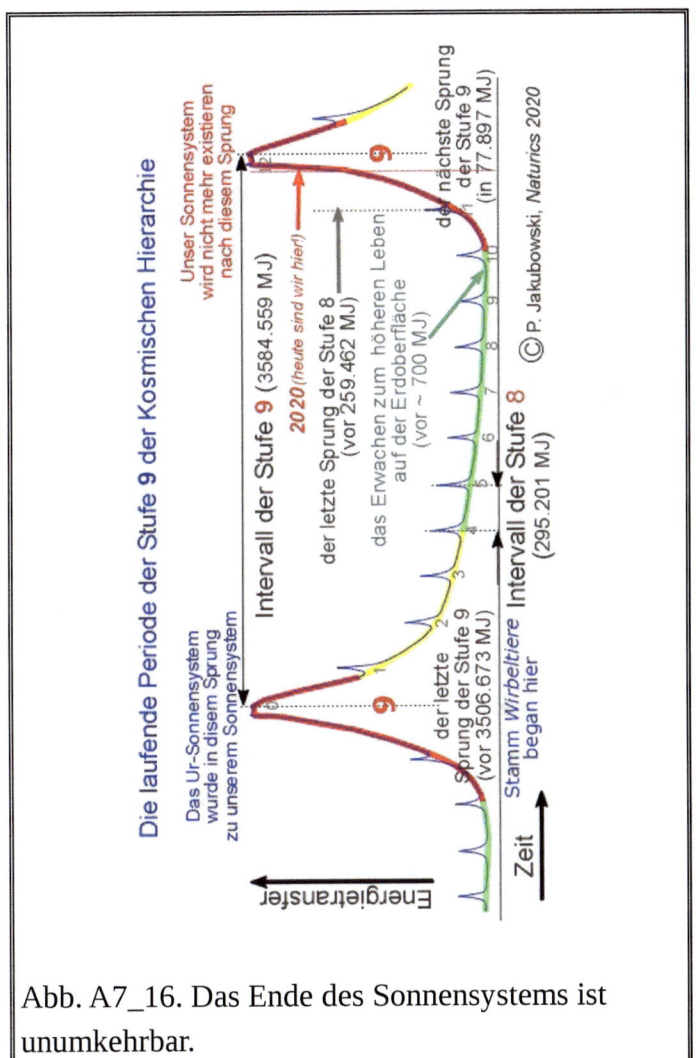

Abb. A7_16. Das Ende des Sonnensystems ist unumkehrbar.

Beispiel 2: Zu dem wirklich beobachteten Wandel des globalen Klimas

(*Auszug aus meinem Buch "Ich, Du, und Wir Alle"; S. 243*)

Klimamodelle, die nur auf der Analyse der Erdoberfläche und der Erdatmosphäre basieren, können nicht der historischen Realität entsprechen, weil sie die kosmische Natur des globalen Klimas ignorieren. Ein zuverlässiges Klimamodell muss auch eine historisch exakte Rekonstruktion der Vergangenen Perioden im irdischen Klima ermöglichen. Und zwar nicht nur über Jahrzehnte, sondern über Jahrtausende. Keines der Klimamodelle, die die heutige Wissenschaft uns „verkauft", kann das. Keines! Egal wie viele Hunderte oder Tausende der Traditionalisten sich zusammen tun werden. Auf der anderen Seite, die einfachste Analyse der energetischen Einbettung der Erde in die Kosmische Hierarchie des

Sonnensystems führt zu einer exzellenten Übereinstimmung unseres Klimamodells mit der historischen Realität. Die letzten fast zwei Tausend Jahre dieser Rekonstruktion zeigt das folgende Diagramm.

Man kann auf ihm sehr deutlich das Mittelalterliche Optimum des globalen Klimas (Abschnitt 4) und das aktuelle Optimum (Abschnitt 12), wie auch die Kleine Eiszeit (Abschnitt 9) erkennen. Man sieht aber auch, dass das globale Klima im 14. Jahrhundert noch kälter war als im 17. Jahrhundert. Man sieht auch, dass die traditionell bevorzugte Beschränkung der Analyse auf die Jahre zwischen 1860 bis 1990 keine allgemein gültige Schlussfolgerung erlaubt, wenn es um die Ursachen der in dieser Periode steigenden globalen Temperatur geht.

In unserer kosmischen Analyse gibt es keinen menschlichen Faktor für den tatsächlich erfolgten Anstieg der globalen Temperatur in dieser Periode 1860-1990.

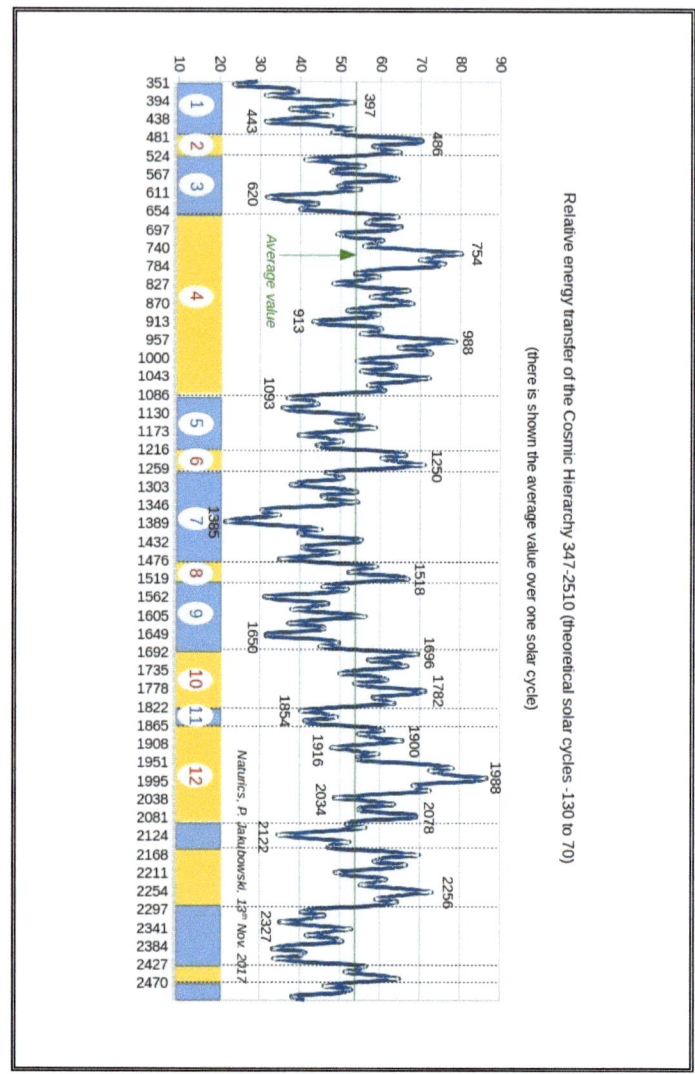

> Der zusätzliche Vorteil unserer kosmischen Analyse liegt in der Möglichkeit auch in die Zukunft zu blicken. Das obere Diagramm präsentiert auch die Vorhersage der Änderung der globalen Temperatur der Erdoberfläche bis das Jahr 2500. In den nächsten Jahrhunderten wird niemals so warm sein auf der Erde, wie in den letzten Jahrzehnten. Das 24. Jahrhundert wird wieder „bitter" kalt.

Zu der Energiekrise, Trinkwasserkrise, und Hungersnot auf der fast ganzen Welt gibt es so viele guten und wertvollen Berichte anderer Autoren, dass ich hier auf diese Bespiele verzichte. Lesen Sie selber im Internet nach.

Trotz aller diesen Krisen bleibe ich ein Optimist, nicht zuletzt weil es Euch gibt, junge Menschen, die wach geworden sind, und keine Hemmungen mehr haben, der "alten Garde" der Politik ihre Fehler nicht eher zu verzeihen, bevor sie ihre Arbeit ordentlich erledigen oder zurücktreten, und die Steuer der Zukunft in jüngere Hände übergeben.

Deswegen mein Appell: Seid aktiv in den beiden Dimensionen, der kleineren ("hautnahen"), um eigene Kinder hochzuziehen, und in der globalen (weltweiten), um diesen Kindern eine glückliche Zukunft zu gewährleisten. Einzelne Politiker zu bekämpfen ist reine Zeitverschwendung; sie werden immer wieder durch gleiche (oder noch schlechtere) ersetzt. Man muss das ganze System neu ausrichten; in Michael Sandel Worten: die Tyrannei der Leistung beenden, die Würde der Arbeit zurück etablieren, und die natürlichen zwischenmenschlichen Bindungen in den Vordergrund unseres Zusammenlebens stellen.

Zur Erinnerung, zwei Sätze aus seinem Buch:

"... es geht hier nicht allein um Löhne und Arbeitsplätze, sondern auch um gesellschaftliche Wertschätzung."

"... die Art, in der eine Gesellschaft Arbeit würdigt und belohnt, ist entscheidend dafür, wie sie das Gemeinwohl definiert."

Kapitel 3.

Eine Vision - die Weltgemeinschaft 2070;
a) Familie ist die Basis!

In meinem letzten Buch ("*Ich, Du, und Wir Alle*") schlage ich vor, uns wieder auf die natürliche Einheit jeder menschlichen Gesellschaft, die Basis Familie, zu besinnen. Dank meiner Einheitlichen Physik, die ich seit den 1970er Jahren entwickelt habe, habe ich nämlich erkannt, dass das ganze Leben in unserem Universum energetisch quantisiert ist. Das bedeutet, dass auch die menschlichen Gruppen, die ja nichts anderes als "natürlich organisierte Energie" sind, auch diesem Muster des Quantenspektrums folgen müssen. Die natürlichen Quanten-Stufen einer menschlichen Weltgemeinschaft, die nach diesem natürlichen Prinzip quantisiert sind, stellt die folgende Tabelle vor.

Nur diese natürliche Hierarchie der einzelnen Stufen unserer Weltgemeinschaft verschafft uns eine reale Möglichkeit eine familiär-partizipative Demokratie zu kreieren, in der nicht das Unmögliche versucht wird (nämlich, Milliarden von einzelnen Stimmen zu berücksichtigen), sondern die in der Natur ganz oft beobachtete Regel akzeptiert wird, dass ein Repräsentant einer bestimmten Gruppe diese ganze Gruppe auf den entsprechend höheren Stufen der demographischen Hierarchie vertreten darf und kann.

Diese Regel findet ihren stärksten Ausdruck in der natürlichen Begrenzung, dass jeder von uns maximal 140-150 andere Menschen durch das ganze Leben aktiv und dauerhaft (das heißt, von der Geburt bis zum Tod) begleiten kann. Für mehr aktiver Menschlichkeit reicht unsere biologische Erkennungskapazität nicht aus. Im praktischen Beispiel (aus meinem oben zitierten Buch) erkläre ich das noch etwas genauer:
„Der demokratisch gewählte Vertreter (Anführer) einer höheren Untergruppe kennt noch persönlich die Vertreter von allen 140 Untergruppen zwei Stufen tiefer in der gesamten Organisation der Weltweiten menschlichen Gemeinschaft. Zum Beispiel, der Verwalter einer Stadt kennt persönlich

alle Anführer der 140 Sippen, die in seiner Stadt leben. Das ermöglicht ihm alle täglichen Probleme, wie auch die Zukunftspläne dieser Stadt, gemeinsam mit allen Einwohner zu lösen. Das wiederum ist möglich, weil die Anführer der Sippen bereits ihrerseits persönlich die Vertreter aller Basis Familien in jeder einzelnen Sippe kennen. Auf eine ähnliche Weise kennt auch der Chef einer Weltverwaltung, was auch immer wir uns als solche vorstellen wollen, die Anführer aller 140 (heute etwas mehr) Nationen der ganzen Welt. Nur dann, davon bin ich überzeugt, kann man auf eine gerechte und produktive Zusammenarbeit der gesamten Weltgemeinschaft hoffen. Und nur solche gerechte, auf dem wirklichen Vertrauen basierende Zusammenarbeit, kann die Blutspuren der Geschichte wirklich beenden und die Zukunft von mehreren nachfolgenden Generationen sichern."

Der wichtigste praktische Vorteil solcher neuen, quantisierten Struktur unserer angestrebten Weltgemeinschaft ist, dass auf jeder Stufe dieser Gemeinschaft nur noch 140-150 Menschen zusammen kommen müssen und über ihre Entscheidungen abstimmen. In so einem überschaubaren Gremium ist jedes Falschverhalten sofort sichtbar und korrigierbar.

Demographisches Quantenspektrum der menschlichen Gesellschaften

Menschliche Gruppe; Anzahl der Menschen	*S*	*Untergruppen der Gruppe*	*Erreichbare persönliche Kontaktweite*
Welt; ~5000 Mill.*	9	12 Kontinente	140 Nationen
Kontinent; ~430 Millionen	8	12 Nationen	140 Großstädte
Nation; ~36 Millionen	7	12 Großstädte	140 Städte
Großstadt; ~3 Millionen	6	12 Städte	140 Bezirke
Stadt; ~0.25 Millionen	5	12 Bezirke	140 Sippen
Bezirk; ~20-21 Tausend	4	12 Sippen	140 Große Familien

Sippe; ~1700 Personen	3	12 Große Familien	140 Basis Familien
Groß-Familie; ~140 Personen	2	12 Basis Familien	140 Personen
Basis-Familie; 12 Personen	1	4 Kinder, 4 Eltern, 4 Großeltern	Alle 12 Personen

* *Bemerkung zu der Tabelle*: Die theoretische Obergrenze von 5 Milliarden Menschen und 140 bis 150 Nationen ist natürlich kein Hindernis für die Vision; die kleineren heutigen Staaten bilden tatsächlich kleinere Gruppen von Menschen als die nominale Nation von 36 Millionen Menschen. Wenn in der Zukunft alle Familien sich (statistisch gesehen) auf nur zwei oder drei Kinder begrenzen, wird sich die Welt Bevölkerung auf einem niedrigeren Niveau als heute stabilisieren.

Einer von meinen praktischen Vorschlägen, wie wir die Welt neu organisieren müssen ist, dass kein Privateigentum von keinem Stück der Erde mehr zugelassen werden kann. Die Erde (das Land, die Gewässer, die Atmosphäre) gehören uns allen und müssen von einer Globalen Weltadministration verwaltet (nicht regiert) werden. Sie ist unter anderem dazu verpflichtet, jeder Basis Familie 1 Hektar Land für lebenslange Pacht (natürlich kostenlos) zu Verfügung zu stellen. In dem vorher zitierten Buch habe ich als Beispiel folgende Skizze so einer Wohnanlage einer Basis Familie vorgestellt.

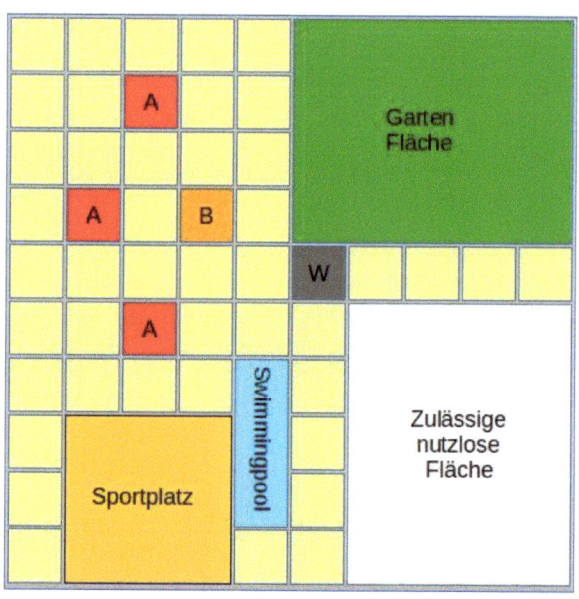

Die ganze Anlage hat eine Fläche von einem Hektar (also 10.000 m²). Jedes Kästchen der Skizze entspricht also einer Fläche von 100 m². Die „Blöcke" A sind Häuser für die einzelnen Generationen, oder anders geteilten Untergruppen der Basis Familie. B ist gedacht als Haus der Begegnungen für alle Familienmitglieder und für ihre Gäste, und W als Wirtschaftshaus für Einrichtung, die alle gemeinsam nutzen können (und dadurch nur einmal für die 12 Personen zu beschaffen wäre). Die restlichen gelben Flächen stehen der Kreativität und den Träumen der Einwohner frei zu Verfügung.

Nachträglich habe ich ein 3D-Bild so einer Anlage gezeichnet, das ihre Vorteile noch deutlicher präsentiert. So eine Basis Familie (kurz BaFa genannt) lebt aber natürlich nicht alleine. Auf den benachbarten Flächen wohnen im Idealfall die anderen Angehörigen der Großfamilie unserer beispielhaften Basis Familie (die Geschwister der Großeltern, der Eltern, die – wenn es so weit ist – erwachsenen Kinder mit ihren eigenen Basis Familien. Schätzungsweise werden das immer etwa 12 Basis Familien sein.

Stellt man sich jetzt das neue 1-Ha-Zuhause als ein Blatt eines abstrakten Baumes vor, kann eine Siedlung für eine Großfamilie so aussehen, wie ein

Zweig mit zwölf Blättern (die die blaue Ellipse links oben oder auch rechts unten einschließt). Der ganze Baum symbolisiert dann die Wohnanlage einer Sippe (mit statistisch 1728 Personen).

In der roten Ellipse kann man sich alle Einrichtungen vorstellen, die die ganze Sippe gemeinsam nutzen möchte oder muss. Solche Wohnanlage einer Sippe beansprucht also eine Landfläche von etwa 2 km².

Wir entwickeln jetzt diese Vision nur noch eine Stufe weiter. Ein Bezirk einer Stadt der Zukunft, die 11 weitere Sippen beherbergt, könnte so aussehen, wie unten dargestellt. So ein Bezirk, mit etwa 21 Tausend Menschen, beansprucht die Landfläche von etwa 25 km². Die Gärten, die Sportplätze, die Spielplätze für Kinder, und noch Sonstiges, können durch entsprechende Bewaldung ganz schön in die Natur eingebettet werden. Und trotzdem, man braucht höchstens ein Fahrrad, um die (beruflichen, kulturellen, spirituellen, oder administrativen) Bezirkseinrichtungen zu erreichen.

Um die Phantasie nicht nur als Utopie enden zu lassen, hier noch einige Zahlen, die beweisen sollen, dass sich auch so relativ dicht besiedeltes Land, wie Deutschland, so einen Traum erlauben könnte, wenn man sich nur traut, die Phantasie in die Realität umzuwandeln.

1 Million Menschen bedeutet (statistisch) etwa 580 Sippen = 48 Bezirke = 4 Städte. Ein Zweig unseres abstrakten Baumes (1 Sippe mit 1728 Einwohner)

benötigt eine Fläche von etwa 2 km². Das ergibt etwa 1200 km² für 1 Million Einwohner. Oder: 25 km² / 1 Bezirk; 300 km² / 1 Stadt; 3600 km² / 1 Großstadt; 44.000 km² / 1 statistische Nation (36 Millionen Einwohner); oder am Ende etwa 100.000 km² / 80 Millionen Einwohner in Deutschland.

Deutschlands Fläche beträgt 357000 km². Davon sind: Grünflächen (2,2%) 7.686 km²; Landwirtschaft (53,5%) 191.119 km² ; Forstwirtschaft (29,5%) 105.432 km² ; Wasserflächen (1,9%) 6.749 km² ; bebaut sind (8%) 28.500 km². Für Deutschland weist die amtliche Flächenstatistik 51.693 km² Fläche für Siedlung und Verkehr zum Ende des Jahres 2020 aus; davon waren etwa 43,7 % versiegelt.

Würde man gleich damit anfangen, die Agrarflächen, die dazu missbraucht werden, das Essbare zu produzieren, das wir tagtäglich wegwerfen oder in einer anderen Form missbrauchen, und auch die Autobahnen, die brachliegenden Industrieflächen und andere unbenutzten Flächen, in unsere „grünen" Siedlungen umzuwandeln, könnten unsere Ur-

Enkelkinder schon ganz andere, viel enger an die Natur gebundene Kindheit haben, als die Generation meiner Kinder sie noch erlebt hat.

Übrigens, eine Basis Familie könnte noch ganz bequem auf einer zwei Mal kleineren Fläche wohnen. In den Regionen der Welt, die dichter, als bei uns in Europa, besiedelt sind, könnte man sich noch andere Lösungen einfallen. Aber die Erde insgesamt muss ganz anders als bislang benutzt werden. Bloß das eine darf uns nicht mehr aus den Augen verloren gehen: die Basis Familie und die Großfamilie muss immer im Vordergrund unserer Überlegungen und Aktivitäten stehen. Ganz nach meinem Motto: Familie jedes Einzelnen von uns ist die Basis unserer Weltgemeinschaft!

Kapitel 4.

Eine Vision - die Weltgemeinschaft 2070;
b) Akzeptieren und weiter machen!

Stellen wir uns vor: es ist ein herrlicher, sonniger Sommertag im Jahre 2070. Du bist im Jahr 2000 geboren. Aber endlich erst seit kurzem, nach fünf anstrengenden Jahrzehnten, ist dein Jugendtraum Wirklichkeit geworden. Die eng miteinander verwandten, sich am stärksten liebenden Menschen aus deiner Umgebung, haben jetzt die Möglichkeit, so lange sie wollen, zusammen zu wohnen, und auch die weiteren Verwandtschaften und hoch geschätzten Bekanntschaften zu genießen. Auf dem folgenden Bild bist du die erste Person im Vordergrund, die auffällt (die Großmutter mit dem Laubbesen). Endlich kannst du dich entspannt solcher trivialen Tätigkeit, wie Rasen-pflege, widmen. Nicht um den Rasen noch weiter zu verschönern, sondern ganz für dich alleine, um sich fit zu halten, die Bewegung auf der frischen Luft zu haben, und vor allem, um die

Gemeinsamkeit mit deiner ganzen Basis Familie (BaFa) zu genießen.

Der Name BaFa ist eigentlich eine Abkürzung von dem Begriff "Basis Familie" aus den 2020er Umbruchjahren, aber den vollen Namen benutzt man heute nur noch in der Amtssprache der GeWA (die mit vollem Namen die Globale Welt Administration heißt). Deine BaFa, wie jede andere rund um die Welt auch, pachtet von der GeWA ein Hektar Land für eure Wohnanlage. Ihr dürft hier wohnen solange ihr wollt.

Die Anlage besteht aus einem zentralen Begegnungshaus, in dem neben dem zentralen großen Raum für alle eure Feierlichkeiten und Zusammenkünfte, auch einige Gästezimmer und sogar

Gäste-Wohnungen, für eure lieben Gäste bereit stehen.

Auf der Westseite der Anlage gibt es einen Blumengarten, einen 500 m² großen (abdeckbaren) Schwimmbecken und eine ähnlich große Sportanlage, die nach eurem Wunsch frei gestaltet werden kann.

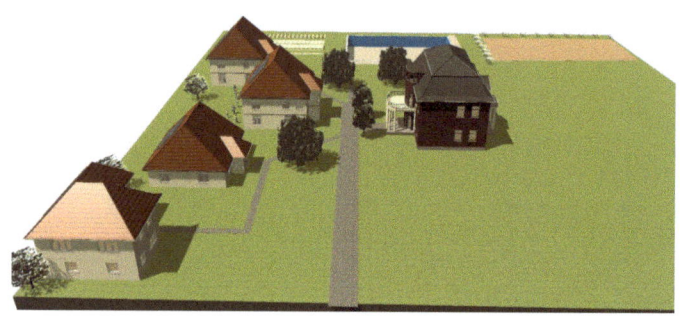

Ein Großteil der Fläche steht noch für eure gemeinsamen Wünsche frei. Einige andere BaFas benutzen ihn hauptsächlich als Nutzgarten, andere bewalden ihn einfach, und noch andere, wo die Kinder noch im Vorschulalter sind, einen großen Spielplatz, sowohl im Sommer, wie auch im Winter gestalten. Im Winter dient auch der große Schwimmbad als eine betretbare Eisfläche. Die ganze BaFa-Anlage ist das ganze Jahr hindurch elektrisch autark, dank den vielen Solaranlagen auf absichtlich großen Dachflächen.

Deine (*hier als Beispiel betrachtete*) eigene BaFa wird von folgenden Personen gebildet: Du bist die Großmutter1; dein Lebenspartner (traditionell auch Ehemann genannt) ist der Großvater1. Eure beiden Kinder sind jetzt auch bereits Eltern: eure Tochter ist die Mutter1, sie hat als ihren Lebenspartner den Vater1. Also, euer Sohn ist der Vater2, und er hat seine Lebenspartnerin, die Mutter2. Das Elternpaar1 hat zwei Kinder, Tochter1 und Sohn1. Das Elternpaar2 hat den Sohn2 und die Jüngste der BaFa, die Tochter2.

Du wohnst mit deinem Partner in dem einstöckigen Haus (links in dem oberen Bild). Eure Tochter, Mutter1 wohnt mit ihrem Partner und ihren Kindern in dem Haus ganz hinten (neben dem Blumengarten), und euer Sohn (Vater2) wohnt mit seiner Partnerin (der Mutter2; der Frau mit dem Spindelrasenmäher auf dem ersten Bild) und mit ihren beiden Kindern in dem Haus dazwischen. Das Haus ganz vorne in der linken Reihe ist ein Hobby-Haus, wo jeder Mitglied der BaFa sich einer Tätigkeit widmen kann, welche die anderen Mitglieder der Familie in irgendeiner Form belästigen könnte (zum Beispiel, lautere Musik oder Bastelei). Auch eure Technik-Ausrichtung für die ganze Anlage ist dort untergebracht.

1_Großmutter1	Haus 1
1_Großvater1	Haus 1
1_Großmutter2	Haus 2
1_Großvater2	Haus 3
1_Mutter1	Haus 3
1_Vater1	Haus 3
1_Mutter2	Haus 2
1_Vater2	Haus 2
1_Tochter1	Haus 3
1_Sohn1	Haus 3
1_Tochter2	Haus 2
1_Sohn2	Haus 2

Die Lebenspartnerin deines Sohnes, die Mutter2, stammt natürlich aus einer weiteren BaFa, möglicherweise aus einer ganz anderen Stadt, oder sogar Nation. Da sie sich aber mit ihrer eigenen Mutter sehr eng verbunden fühlt, ist auch ihre Mutter, die Großmutter2, mit ihr zu der Familie deines Sohnes gezogen. Sie kümmert sich liebevoll vor allem um ihre jüngste Enkelin, die Tochter2. Auch der Vater des Lebenspartners deiner Tochter, der Großvater2, lebt zusammen mit seinem Sohn im Haus 3 deiner BaFa. Insgesamt seid ihr also 12 Personen in drei Generationen, eine Standard-Zusammensetzung einer BaFa (wobei die dritte Generation, die der Kinder - wie im Kapitel 2 erörtert - noch nicht ganz als eine selbständige Generation zu verstehen ist).

Damit ist aber dein Glück noch nicht vollständig beschrieben. Deine Zwillingsschwester, die sich mit dir lange Zeit aktiv für die Verwirklichung der Idee der familiär-partizipativen Demokratie auf der ganzen Welt eingesetzt hat, ist mit ihrer eigenen BaFa direkt neben euch eingezogen. Sie ist aber leider schon seit zwanzig Jahren verwitwet. Ihre BaFa lebt auf dem benachbarten Grundstück, mit der gleichen Fläche von einem Hektar. So, dass deine Enkeln auch noch ihre Großtante, ihre zwei Tanten und Onkeln, frei nach dem Wunsch, fast täglich besuchen können. Vor allem aber dann, wenn sie mit ihren drei Cousins und der Cousine etwas gemeinsam unternehmen wollen. Diese zweite BaFa setzt sich also so zusammen:

2_Großmutter1
2_Großvater1(Gestorben)
2_Großmutter2
2_Großvater2
2_Mutter1
2_Vater1
2_Mutter2
2_Vater2
2_Tochter1
2_Sohn1
2_Sohn2
2_Sohn3

Zu deiner Großfamilie gehören noch zehn weitere BaFas, die dicht nebeneinander Leben, und die größte existierende Gruppe deiner Verwandten bilden. Obwohl nicht alle von ihnen direkt mit dir oder deinem Partner biologisch verwandt sind, ihr habt euch auch mit ihnen allen sehr lieb. Auch einige Mitglieder der Familien eurer Schwiegerkinder wohnen in der Nähe, an der gleichen Zufahrtsstraße, die eure Großfamilie mit dem weiteren Wohnareal eurer Sippe verbindet. Eure Großfamilie besteht also aus 12 BaFas, und eure Sippe aus 12 solchen Großfamilien. Wie im Kapitel 3 erwähnt, den Wohnsitz eurer Sippe könnte man sich so wie unten gezeigt vorstellen.

Auch den Wohnsitz der nächsten Stufe der Verwandtschaft und der Bekanntschaft, einen Bezirk, kann man sich so ähnlich vorstellen, lokalisiert entweder entlang einer geraden Achse,

oder um ein gemeinsames Zentrum herum.

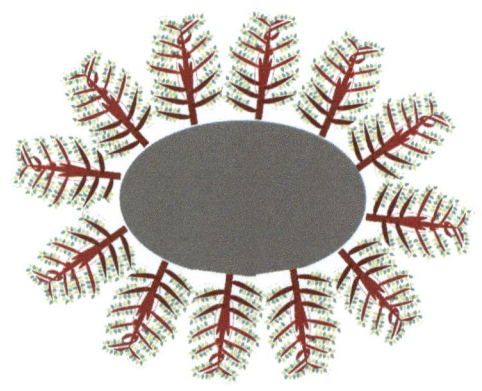

In so einem Bezirk einer Stadt leben gemeinsam etwa 20 bis 21 Tausend Menschen, die zu zwölf verwandtschaftlichen Sippen gehören, was die Tabelle aus dem Kapitel 3 klarmacht.

Bereits in den 2020er Jahren haben die Menschen erkannt, dass das ganze Leben in unserem Universum energetisch quantisiert ist. Das bedeutet, dass auch die menschlichen Gruppen, die ja nichts anderes als "natürlich organisierte Energie" sind, auch diesem Muster des Quantenspektrums folgen müssen. Der Sinn der ganzen Umgestaltung der Weltgemeinschaft, dem du dein ganzes Leben gewidmet hast, war und ist die Bewahrung der wichtigsten bisherigen Errungenschaft der Menschheit (nämlich der Demokratie) vor den zerstörerischen Versuchen aller früheren Ideologien (wie Faschismus, Kommunismus, Kapitalismus, oder die Leistungtyrannei) diese Idee zu untergraben. Erst nach mehreren Krisen und Katastrophen des 20-ten Jahrhunderts hat man erkannt, dass die Demokratie nicht genau das bedeutet, was man dem Wortlauf des Namens "Demokratie" entnehmen wollte. Nicht jede Stimme jedes Einzelnen kann gleichzeitig wahrgenommen werden. Die demokratische Abstimmung muss auch "quantisiert" sein. Ein Vertreter jeder BaFa trägt alle Stimmen der BaFa an die Ebene der Großfamilie und der Sippe. Erst dann trägt der Vertreter dieser Sippe die Sammelstimme der ganzen Sippe auf die Ebene der Bezirke und der Stadt. Und erst dann können die Vertreter aller (etwa 140) Städte einer Nation mit einer "Sammelstimme" der Nation diese auf dem Weltforum aller (etwa 140) Nationen vertreten, und zwar gleichgewichtig für jede Nation (die eine Gruppe von etwa 36 Millionen Menschen zusammenfasst). Diese 140 nationalen Vertreter kennen sich alle persönlich. Und nur sie vertreten alle Stimmen der Menschheit. Sollte einer von ihnen sich nicht demokratisch verhalten, wird das für alle anderen sofort sichtbar. Nur auf diese quantisierte, auf der Basis der BaFas organisierte Familiäre Demokratie, können wir alle gemeinsam hoffen, dass sie uns hilft, die gewaltigen Umwelt-Probleme, die auf uns Menschen noch kommen werden, zu lösen.

Einige gewaltige Probleme, die in deiner Jugend noch unlösbar schienen, haben wir in den letzten 50

Jahren bereits erfolgreich gelöst. Wir haben aufgehört die Welt, die unsere, aber mehr noch die unserer Enkelkinder, zu zerstören. Wir haben die meisten Wolkenkratzer und die unheimlichen Wohnsilos der menschlichen "Ameisen" wieder dem Boden gleich gemacht. Wir haben die Sonnenenergie als eine ganz selbstverständliche Quelle der Energie anerkannt. Unterstützt durch geothermale Quellen und durch Wasser- und Wind-Energiequellen, liefert sie der ganzen Menschheit genug Energie zum Leben (und zum Überleben). Wir haben die Produktion (und den Konsum) von unnötigem tierischen Fleisch ganz aufgegeben. Wir haben es verstanden, dass es unsere Aufgabe ist, die weitere Evolution von möglichst vielen Gruppen der lebenden Organismen zu gewährleisten. Und das trotz der sicheren Vorhersage, dass wir uns langfristig am Anfang der stärksten Aussterbewelle befinden, die die Erde jemals erleben musste.

Wir haben die ganze "militärische" Denkweise unserer Vergangenheit auch total aufgegeben. Keine Nation der heutigen Welt braucht eine Armee der bewaffneten Männer, die zu potenziellen Mörder ausgebildet werden sollten. Diese friedliche "Revolution" ging unerwartet einfach über die Bühne, weil bereits vor 40 Jahren keine Mutter der Welt noch länger bereit war, ihre Söhne der Idee der Unmenschlichkeit zu opfern. Kein Mensch der heutigen Welt (außer Polizisten) braucht eine Waffe. Jeder Mensch gehört einer BaFa, die bereits in seiner Kindheit dafür sorgt (und die Verantwortung dafür trägt), dass er lernt, keine Konflikte mit anderen Menschen zu provozieren. Dann braucht er sich auch nicht zu verteidigen.

Wir haben auch den ewigen Dämon der früheren Jahrtausende, die Gier nach dem Geld, bändigen können. Alle nationalen Banken, mit ihren lokalen Filialen, sind wieder nur der Kreditvergabe gewidmet. Jegliche betrügerischen Versuche einer künstlichen "Geldvermehrung" der Privatpersonen sind streng untersagt und strafbar.

Den wichtigsten aller Fortschritte haben wir aber in der Ausbildung der Kinder und Jugend erreicht. Auch deine eigenen Kinder dürften bereits in den 30er und 40er Jahren des 21-en Jahrhunderts in den

Genuss dieser neuen Art der Edukation kommen. Die Verbannung aus den Schulen aller "mittelalterlichen" Fächer, die das moderne Leben in keiner Weise mehr unterstützen können, war der Kern der Veränderung. Was aber am Wichtigsten war, das war die Verlängerung der Edukation um die dritte Stufe, während der die 19- bis 22-jährigen Menschen das theoretische und praktische Wissen erlangen, was das Ziel des eigenen und des gesellschaftlichen Lebens betrifft, und wie das friedliche, im Endeffekt auch glückliche, Leben in einer eigenen Familie zu gestalten und dauerhaft zu sichern ist. Allein diese Maßnahme hat die Armut und Kriminalität rund um die Welt sehr stark reduziert; ich bin sicher, diese beiden Unglücke der Vergangenheit werden bald ganz aus unserem Leben verschwinden. Also: Weiter machen! Weiter machen!

Anhang.

Unsere Welt als Schaumbad der Energie

Wir sind zurück in unserer Jetzt-Zeit des Jahres 2023. Auch die kleinen Kinder in der Grundschule haben bereits gehört, dass unsere Welt aus Atomen aufgebaut ist. Und dass wir Energie brauchen, um leben zu können. Was die Atomen wirklich sind, und was die Energie wirklich ist, das wurde ihnen jedoch nicht erzählt. Wie auch, wenn ihre Lehrer es auch nicht wissen. Und auch nicht die Professoren, die diese Lehrer ausgebildet haben. Ja, wirklich. Die traditionelle Wissenschaft hat bis heute keine tragbare Definition der Energie herausgearbeitet. Wir leben inmitten der Energiekrise, was Energie aber ist, können wir nicht sagen. Peinlich ist aber nicht, dass wir es nicht wissen, peinlich ist, dass keiner der Verantwortlichen das zugeben will.

Zugegebenermaßen, es war auch für mich nicht einfach dieses Rätsel zu lösen. Ich musste dafür eine ganz neue Physik, von A bis Z, erschaffen. Erst sie hat mir die Augen auf unsere Welt, das ganze Universum und das Leben in ihm, geöffnet. Die naturwissenschaftliche Interpretation des neuen Bildes der Natur heißt heute Universale Philosophie des Lebens. Ein grundlegender Teil davon ist die mathematische Definition und die allgemein verständliche Beschreibung der Energie selbst.

Die mathematische Definition lautet so:

Energie ist ein Fluss der Quantenzirkulation;

$$W = A * \Phi_f.$$

(*für die Interessierten mehr dazu in dem Rahmen hier unten*).

Zu Mathematik der Definition der Energie:

(*Auszug aus meinem Buch "Ich, Du, und Wir Alle";* S. 139)

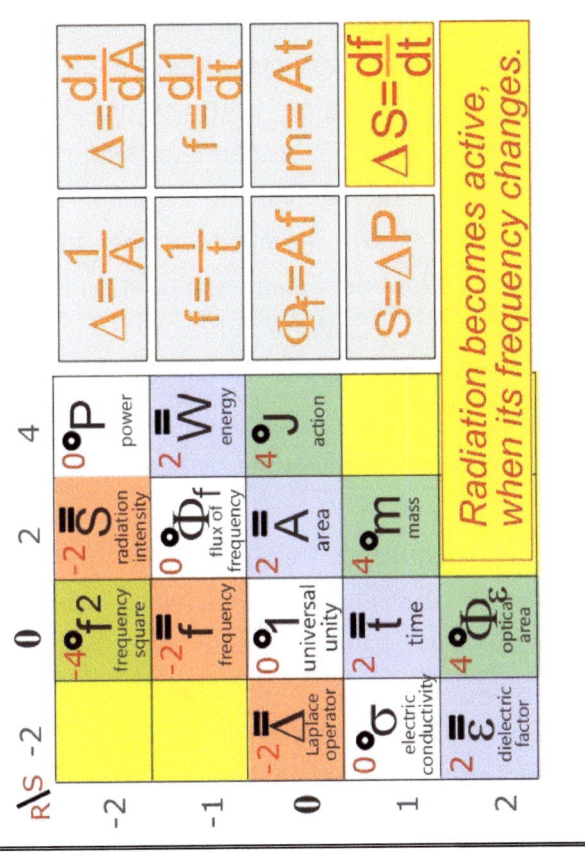

Die erste wichtige Beobachtung ist eine präzise Definition der Energie. Bemerken wir dabei, dass die traditionelle Physik es bis heute noch nicht geschafft hat, eine richtige Definition der Energie zu liefern. Die traditionelle Erklärung, Energie sei die Fähigkeit zum Ausüben einer Arbeit, ist keine unabhängige Definition, weil wir die Arbeit nur durch Energie wieder beschreiben können; Arbeit und Energie sind äquivalente Größen. Dank der *Einheitlichen Physik* erkennen wir aber sofort, dass Energie der Fluss der Quantenzirkulation ist;

$$W = A * \Phi_f.$$

Einige andere Relationen, die wir direkt aus diesem Diagramm ablesen können, sind auf seiner rechten Seite aufgeschrieben worden.

Eine der wichtigsten Relationen der *Einheitlichen Physik* ist die einzige Gleichung, welche die Dynamik des ganzen Universums auf einmal beschreibt, die universelle Gleichung, von der Einstein und alle anderen Physiker bislang nur geträumt haben. Diese Gleichung ist erstaunlich einfach. Sie beschreibt die planare Distribution der (zweidimensionalen) Energie für jedes einzelne Quant unseres Universums:

$$\Delta W = \Phi_f;$$

die planare Distribution der Energie ist immer und überall die gleiche; sie gleicht immer der universalen Quantenzirkulation Φ_f = constant = $h/m_u = h/r_u^2 t_u = r_u^2/t_u = 1.3096*10^{-4}$ m²/s. Egal ob wir mit dem Quant eines Atoms, einer Nerven Zelle, oder einer Galaxie zu tun haben, die Verteilung seiner Energie auf seine Quantenfläche bleibt immer die gleiche.

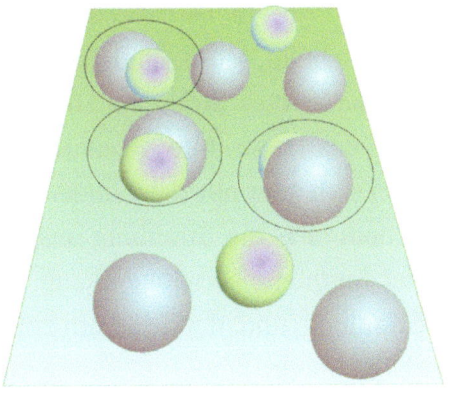

Betrachten wir die energetischen, zweidimensionalen Quanten als Analog zu Seifenblasen in unserer Badewanne, während wir ein Schaumbad genießen, können wir uns diese universale Regel so bildlich merken: Die energetische „Seifenflüssigkeit" aller Quanten des Universums hat immer die gleiche Stärke.

Eine praktische Realisation des Aufbaus des Universums kann aus der untersten Zeile des oberen Diagramms abgelesen werden:

$$\Delta S = df/dt;$$

die Quantenstrahlung S wird nur dann energetisch aktiv, wenn sich ihre Quanten Frequenz f mit der Zeit ändert (das heißt, df/dt ungleich Null wird); sonst breitet sich die Strahlung ohne jegliche Wirkung auf das bestrahlte Medium aus. Die Frequenz kann sich aber nur dann ändern, wenn das Medium, in dem sich die Strahlung ausbreitet, die Änderung der Frequenz erzwingen kann, das heißt, wenn die Strahlung und das Medium miteinander wechselwirken können.

Diese Regel könnte, zum Beispiel, jede Strahlungstherapie verbessern. Man soll eine erwünschte Frequenzänderung einer therapeutischen Strahlung gewährleisten und dabei jede unerwünschte Wechselwirkung mit dem Körper des Patienten vermeiden (oder diese minimieren). Jede unangepasste Energielieferung kann nicht optimal (oder überhaupt nicht) zur Genesung verwendet werden. In Extremfall, sie kann sogar den Zustand des Patienten verschlechtern. So ein Extremfall ist, zum Beispiel, jede ungewollte Bestrahlung eines lebendigen Organismus mit der Energie der kosmischen Strahlung nach einem kosmischen Einschlag auf die Erde. Dieses neue Verständnis des Verlaufs der energetischen Prozesse in den Körpern der lebendigen Organismen muss erst in der Praxis tiefer erforscht und erlernt werden.

(*Zusatz-Bemerkung am Rande*: In der Einheitlichen Physik müssen wir die Energie mit ihrem äquivalenten Symbol W für Arbeit; Englisch: *work*, bezeichnen, weil die traditionelle Bezeichnung E für das elektrische Feld reserviert sein muss, das über keine Äquivalenz verfügt).

Bildlich können wir uns die Energie so vorstellen. Wir sitzen in der Badewanne voller Seifenschaum. Wir beobachten die einzelnen Blasen des Schaums. Die Seifenflüssigkeit ist bei allen diesen Blasen nicht in deren Inneren, sondern auf deren Oberfläche vorhanden. Den gleichen Effekt können wir manchmal bei Straßenkünstlern beobachten, die die riesigen Seifenblasen in die Luft steigen lassen können. Die Seifenflüssigkeit beschränkt, wie eine Membran, die Luft in den Blasen. Und jetzt zurück in die Badewanne. Die womöglich wichtigste Entdeckung meiner Einheitlichen Physik ist die Feststellung, dass Energie kein "voluminöses" Objekt, wie Wasser oder Luft, ist, die ein beliebiges Volumen des Raumes auffüllen können, sondern, sie ist ein "flaches" (Mathematiker sagen dazu; zweidimensionales) Gebilde, das eher mit der Oberfläche eines Luftballons, oder eben einer Seifenblase verglichen werden kann. Die Energie im allgemeinen ist also so was ähnliches, was wir in der Badewanne als die Seifenflüssigkeit mit unseren Sinnen wahrnehmen können.

Die ganze Natur, das Universum, und auch wir selber, sind aus solchen energetischen Blasen, Energiequanten, aufgebaut. Jedes Quantum hat eine bestimmte Größe, das heißt vor allem, eine bestimmte Oberfläche, also auch eine bestimmte Portion der Energie. Dazu gehören auch alle anderen Eigenschaften eines Energiequants, wie seine Frequenz, Masse, Größe, Geschwindigkeit, und auch Temperatur. Dazu gehören auch, falls man sie braucht, elektrische Ladung, elektrisches Feld, magnetisches Feld, und vieles mehr. Alle physikalischen Eigenschaften sind miteinander eng verknüpft, und dadurch eindeutig bestimmt.

Zum Schluss noch etwas ganz einfacher Mathematik. Autofahrer kennen die folgende physikalische Relation sehr gut: multiplizieren wir die konstante Geschwindigkeit, mit welcher wir auf einer geraden Strecke fahren, mit der Zeit unserer Reise, können wir die Entfernung vom Ausgangspunkt zum Ziel berechnen. In unserer Standardsymbolik schreiben wir diese Relation kurz als

$$c \cdot t = r.$$

Multiplizieren wir beide Seiten dieser Relation nochmals mit der Geschwindigkeit c, bekommen wir eine neue interessante Relation:

$$c \cdot c \cdot t = c \cdot r.$$

Der Quadrat der Geschwindigkeit auf der linken Seite der neuen Relation bedeutet jetzt die Intensität der Strahlung (der Energieübertragung) S: $c \cdot c = S$. Die rechte Seite der neuen Relation bedeutet den Fluss der Quantenfrequenz oder auch die Quantenzirkulation:

$$c \cdot r = \Phi_f.$$

Diese Quantenzirkulation ist für alle Quanten, also für alle energetischen "Seifenblasen" des Universums, egal wir groß oder klein sie sind, immer und überall gleich.

Unsere interessante Relation von oben kann man also so darstellen:

$$S \cdot t = \Phi_f.$$

wo auf der rechten Seite diese Konstante (also eine nicht veränderliche Größe) steht. Wollten wir also mehr Strahlungsenergie aus einer natürlichen Reaktion bekommen, müssten wir mit kleineren

Quanten arbeiten, deren eine höhere charakteristische Geschwindigkeit c (und natürlich auch c^2) entspricht. Oder mit Quanten deren eine viel längere charakteristische Zeit (Periode t) entspricht. Die Natur funktioniert so wunderbar, wie wir es um uns herum beobachten können, weil sie aus allen Möglichkeiten eine "goldene Mitte" gewählt hat. Die Universalen Quanten der Natur mit der Größe r von 5 Nanometern (der Dicke einer Zellmembran), mit der Geschwindigkeit von 26 km/s (etwa der Geschwindigkeit der Erde um die Sonne), der Frequenz von etwa 5 Terahertz (der zentralen Strahlung eines jeden Regenbogens), oder der Temperatur von -30°C, liegen genau an der Grenze zwischen der unbelebten Welt und der Welt der lebendigen Organismen. Nur wir Menschen haben unsere Gier nach mehr und mehr Energie bis jetzt noch nicht bändigen können, und anstatt sichere Reaktoren der nuklearen Energie zu errichten, haben wir nukleare Waffen erfunden, wo wir diese saubere Energie in keiner Weise beherrschen können. Anstatt dessen haben wir sie zum Bekriegen unserer (selbst verschuldeten) Feinden benutzt. Ich finde, wir haben Glück, dass die Natur uns keine Quark-Energie zu nutzen erlaubt, sonst würden sicherlich irgendwann auch Bomben gebaut, die millionenfach stärker als die Wasserstoffbombe sein könnten.

Die Natur kennt keine Energiekrise. Es tut also uns Menschen heute, und in der Zukunft immer gut, sich an der Natur zu orientieren, und unsere schlechten Angewohnheiten zu zügeln. Wenn wir diese neuen Erkenntnisse ernst nehmen, können wir noch die nächsten Jahrhunderte, und sogar Jahrtausende des Lebens auf der Erde, zusammen mit allen anderen Arten der Lebewesen, einfach genießen.